Erstellung eines Split Trainingsplans für das Krafttraining

Bibliografische Information der Deutschen Nationalbibliothek:

Die Deutsche Nationalbibliothek verzeichnet diese Publikation in der Deutschen Nationalbibliografie; detaillierte bibliografische Daten sind im Internet über http://dnb.d-nb.de abrufbar.

ISBN: 9783346652683
Dieses Buch ist auch als E-Book erhältlich.

Druck und Bindung: Books on Demand GmbH, Norderstedt Germany
Gedruckt auf säurefreiem Papier aus verantwortungsvollen Quellen

Das vorliegende Werk wurde sorgfältig erarbeitet. Dennoch übernehmen Autoren und Verlag für die Richtigkeit von Angaben, Hinweisen, Links und Ratschlägen sowie eventuelle Druckfehler keine Haftung.

Das Buch bei GRIN: https://www.grin.com/document/1217842

Inhaltsverzeichnis

1 Diagnose

1.1 Allgemeine und biometrische Daten

Tabelle 1 Allgemeine Daten

Geschlecht	Männlich
Alter	23 Jahre alt
Körpergröße	185 cm
Körpergewicht	88kg
Beruf	Student
Frühere sportliche Aktivität	- 13 Jahre Fußball, 3 mal die Woche à 90 min. Training die Woche sowie ein Spiel, leistungsorientiert - 2 Jahre Fitnesstraining, begleitend zum Fußballtraining, hauptsächlich Kraftsport, 3 mal die Woche à 60 Minuten - (nach dem Fußball) 2 Jahre Fitnesstraining, hauptsächlich Kraftsport, 3-4 mal die Woche à 90 Minuten
Aktuelle sportliche Aktivität	Fitnesstraining (vor allem Kraftsport)
Verfügbare Zeit pro Woche	Ausreichend für maximal 4 Tage die Woche
Zeit pro Trainingseinheit	90 Minuten pro Einheit

Tabelle 2 Aktueller Gesundheitszustand

Beschwerden am Bewegungsapparat (Gelenke, Sehnen, Muskeln, Bänder	nein
Beschwerden an der Wirbelsäulenregion:	nein
Erkrankungen (Nervensystem-, Stoffwechsel- oder Organerkrankungen)	nein
Einnahme von ACE	nein
Einnahme von Medikamenten	nein

Tabelle 3 Biometrische Daten

Blutdruck: (normal)	122 mmHg systolisch	83 mmHg diastolisch
Ruhepuls (wurde an 2 Tagen um 13:00 gemessen): (Normwert bei 60-80 Schlägen)	(Tag1, mittags) 76 Schläge die Minute	(Tag2, mittags) 79 Schläge die Minute

Tabelle 4 Blutdruckklassifikation (Normotonie, Normblutdruck) der WHO (modifiziert nach Eva Maria-Jacob, 2005, S. 5)

Wertung	Systolischer Blutdruck	Diastolischer Blutdruck
Optimal	Unter 120mmHg	Unter 80mmHg
Normal	Unter 130mmHg	Unter 85mmHg
Hochnormal	130-139mmHg	95-89mmHg

Tabelle 5 Blutdruckklassifikation (arterielle Hypertonie, Bluthochdruck) der WHO (modifiziert nach Eva Maria-Jacob, 2005, S. 5)

Wertung	Systolischer Blutdruck	Diastolischer Blutdruck
Stufe 1	140-159mmHg	90-99mmHg
Stufe 2	160-179mmHg	100-109mmHg
Stufe 3	>180mmHg	>110mmHg

Der Blutdruck des Kunden liegt sowie im systolischen als auch im diastolischen Bereich in der Norm. Im optimalen Bereich liegt auch der Ruhepuls. Das Herz-Kreislaufsystem ist also intakt.

Beim Termin konnten auch keine Bewegungseinschränkungen festgestellt werden, somit kann der Kunde unter hoher Belastung trainieren

1.2 Krafttestung

Krafttests ermöglichen eine Dokumentation des Trainingserfolges über einen längeren Zeitraum und können sich positiv auf die Motivation des Kunden auswirken. Zudem helfen sie bei der Erstellung eines Trainingsplans um die richtige Intensität festzustellen (zb. In der ILB- Methode).

Daher dass der Kunde keine körperlichen Beschwerden und Erfahrung hat, wird ein 10-RM Test durchgeführt. Dieser Test wird auf ein Ganzkörpertraining ausgelegt und enthält keine Normwerte. Der Test gehört zur Methode der Mehrwiederholungstests (X-RM).

Ablauf:

Der Kunde wärmt sich vor dem Krafttest an jedem Testgerät mit 30% seines Maximalgewichtes auf. Damit steigt die Durchblutung in der betroffenen Muskulatur, was förderlich für den Energiestoffwechsel ist und der Bewegungsablauf kann geübt werden. Danach wird der 10-RM ermittelt, was in maximal 3 Testsätzen erfolgt. Um in allen Sätzen die maximale Leistung ermitteln zu können, sollten die Satzpausen bei 4 Minuten liegen.

Tabelle 6 Übungen& Werte des 10RM

Übungen	Satz 1	Satz 2	Satz3	10-RM-Gewicht
Beinpresse	11 Wdh. Mit 225 kg	10 Wdh. Mit 230 kg		230 kg
Bankdrücken	11 Wdh. Mit 80kg	8 Wdh. mit 90kg	8 Wdh. Mit 85kg	82,5 kg
Latzug	11 Wdh. Mit 70kg	10 Wdh. Mit 75 kg		75kg
Schulterpresse	11 Wdh. Mit 35 kg	8 Wdh. Mit 45kg	10 Wdh. Mit 40 kg	40 kg

Wdh.= Wiederholungen

80-90% der Intensität des Krafttests bildet die Intensität für den drauffolgenden Trainingsplan.

2 Zielsetzung/Prognose

Tabelle 7 Zielsetzung (Inhalt, Ausmaß und Zeit)

Inhalt	Ausmaß	Zeit
Muskelaufbau	2 kg	6 Monate
Systematisches, abwechslungsreiches Training (regelmäßig)	3-4 mal die Woche	6 Monate
Körperfett reduzieren	Istwert: 17% Sollwert: 13% (= -3,5 kg)	6 Monate (*siehe S.7)

Das Ziel des Kunden ist der Aufbau von Muskeln (+2kg Muskelmasse) um eine optische Veränderung sowie eine Steigerung der Maximalkraft und Leistung beim Training zu erreichen. Dazu hätte er gerne 4% Körperfett weniger, welches bei seinem Körpergewicht 3,5 kg Fettanteil entsprechen. Diese 3 Ziele wurden entwickelt und im Zusammenhang mit einem realistischen Zeitrahmen gesetzt.

3 Trainingsplanung Makrozyklus

Tabelle 8 Makrozyklusplanung

	Mesozyklus I	Mesozyklus II	Mesozyklus III	Mesozyklus IV
Dauer	6 Wochen	8 Wochen	6 Wochen	8 Wochen
Krafttrainingsmethode	Hypertrophietraining (HT)	Kraftausdauertraining (KA)	HT	KA
Organisation	2 er Split	2 er Split	2 er Split	2 er Split
Trainingsform	freie Übungen	Maschinen und freie Übungen	Maschinen und freie Übungen	Maschinen und freie Übungen
Trainingshäufigkeit *	4x die Woche	4x die Woche	4x die Woche	4x die Woche
Übungen pro Muskel	1-2	1-2	1-2	1-2
Sätze pro Übung	3	3	3	3

	Mesozyklus I	Mesozyklus II	Mesozyklus III	Mesozyklus IV
Intensität	ILB 70-90%	ILB 55% und steigend	ILB 70-90%	ILB 55% und steigend
Wiederholungen	12	22	12	22
Satzpausen	90 Sekunden	30 Sekunden	90 Sekunden	30 Sekunden

*unter Einhaltung der Regenerationszeit von 48h zwischen den Trainings

Der Trainingsplan ist periodisiert und trainiert wird nach der ILB-Methode. Um eine Leistungssteigerung zu erzielen, wird die Intensität innerhalb jedes Mesozyklus erhöht. Die Intensität von 70-90% bei Hypertrophietraining und 50-60% bei Kraftausdauertraining ist der perfekte Mittelweg um einen trainingswirksamen Reiz zu erzielen, als auch um lange Refenerationszeiten zu vermeiden. Somit kann der Kunde mehrmals die Woche (4-mal) Trainieren, welches der Split Plan begünstigt. So überschneiden die Regenerationszeiten sich nicht mit den Trainings, um einen maximalen Trainingserfolg zu erzielen, nach dem Prinzip der Superkompensation.

Der Kunde hat nun schon 4 Jahre Krafttrainings- und mehrere Jahre Fußballerfahrungen und wird als Profi eingestuft.

Tabelle 9 ILB- Grobraster (modifiziert nach Kraftsport.de)

Leistungsstufe	Zeit in Monaten	Trainingssystem	Trainingshäufigkeit	Übungen pro Muskelgruppe	Satz pro Übung	Intensität [% ILB]
Starter	0-1,5	GK	2	1-2	1-2	Gering
Beginner	1,5-12	GK	2-3	1-2	2	50-70
Fortgeschrittener	>12	GK/ Split	3-4	1-3	2-3	70-90
Profi	>36	GK/ Split	3-6	1-4	2-4	80-100

Tabelle 10 Richtwerte für die Wiederholungszahlen (modifiziert nach Kraftsport.de)

Trainingsmethode	Wiederholungen
Kraftausdauer	15 – 30
Muskelaufbau	8 – 15
Maximalkraft	5 – 8

Tabelle 11 Satzpausen nach den methodischen Grundsätzen des Krafttrainings (modifiziert nach Kraftsport.de)

Trainingsmethode	Zeit der Satzpause in Sekunden
Kraftausdauer	30 – 60
Muskelaufbau	60 – 120
Maximalkraft	120 – 240

Im Mesozyklus I liegt das Ziel im Muskelaufbau, welches als erstes im Plan behandelt wird, da dem Kunden gerade dies am wichtigsten ist und seine Leistung steigern will. Hier verwenden wir ein extensives Hypertrophietraining mit einer Intensität von 70-90% gemessen an den Werten des 10-RM Krafttestes. Dabei werden nur freie Übungen verwendet, um eine Kraftsteigerung durch die Verbesserung der intermuskulären Koordination hervor zurufen. Der Kunde trainierte davor meist an Maschinen.

Da um Muskeln aufzubauen ein Energieüberschuss notwendig ist, den der Körper investieren kann, arbeitet dies gegen das Ziel des Kunden, den Körperfettanteil zu reduzieren. Daher folgen nach den 6 Wochen Hypertrophietraining 8 Wochen Kraftausdauertraining im Mesozyklus II. Dies hat den Vorteil, dass der Kunde durch die im Mesozyklus I aufgebauten Muskeln mehr Energie verbrennt, womit sich der Körperfettanteil leichter reduzieren lässt. Zudem bietet das Kraftausdauertraining etwas Abwechslung im Trainingsplan welches, sowie den schwindenden Körperfettanteil in den zukünftigen Fitnesstests, zur Motivation des Kunden beitragen kann. Die Übungen bestehen aus Maschinen und freie Übungen, nur wird diesmal eine kürzere Pausenzeit (30 Sekunden) festgelegt, die Wiederholungsanzahl auf 22 gehoben und dies alles bei einem ILB von 55%. Die Intensität steigt langsam im laufe des Trainings, um weiterhin einen überschwelligen Trainingsreiz zu ermöglichen und die Leistung weiterhin zu steigern(**).

Mesozyklus III besteht nun aus einem Intensiven Hypertrophietraining um das Ziel +2kg Muskelmasse zu erreichen. Trainiert wird nun auch an Maschinen, da der Kunde durch Mesozyklus I seine koordinativen Fähigkeiten verbessern konnte.

Nachdem der Kunde nun seine Muskelmasse auf den gewünschten Punkt gebracht hat, wird es an der Zeit den Körperfettanteil auf den prognostizierten Wert zu bringen. Dies Erreichen wir nun durch wiederholtes Kraftausdauertraining im Mesozyklus IV. Das Ziel eines systematischen Trainings haben wir durch die Planung des Trainings erreicht.

In der Hypertrophiephase (Mesozyklus I und III) wird der Kunde (gerechnet mit einem Kcal Überschuss von 200kcal am Tag) 2,1 kg zunehmen. Dieser Kcal Überschuss ist für den Muskelaufbau notwendig.

Wenn man das Hypertrophietraining an einem Stück und in den letzten 3 Monaten des Makrozyklus plant, erreicht der Kunde sein Ziel nicht und Ihm würde die Abwechslung fehlen. Würde man das Hypertrophietraining an einem Stück in den ersten 3 Monaten des Makrozyklus planen, würde nur die Abwechslung im Trainingsplan fehlen. Durch die Periodisierung von Hypertrophietraining und Kraftausdauertraining, ist ihm die gewünschte Abwechslung gegeben. Der Kunde wird nach 14 Wochen (nach Mesozyklus I und II) erste Erfolge bemerken die auf sein Ziel (wie zb. Muskelmasse aufbauen und Fettanteil reduzieren) zusteuern.

Wenn der Kunde nun in den Kraftausdauerphasen 0,350 kg die Woche abnimmt kann er nach den 6 Monaten seinen Körperfettanteil auf den gewünschten Wert reduzieren.

Die Dauer des Mesozyklus I und III beschränkt sich auf 6 Wochen, daher das nach dieser Zeit in der Intensität die größten muskulären Anpassungsprozesse der Hypertrophie geschafft sind. Es wurden hier 3 Sätze im Hypertrophietraining geplant, da der Kunde bereits Krafttrainingserfahrungen hat und somit mit der Intensität von ILB 70-90% der Übungen ein idealer Trainingsreiz entsteht (nicht über- und nicht unterfordernd, siehe Tab. 9).

Im Mesozyklus II und IV beschränkten wir uns auf 3 Sätze da dies bei 22 Wiederholungen bei einem ILB ≥55% für einen kraftausdauernen Trainingsreiz völlig ausreicht. (siehe Tab. 9). Es handelt sich deshalb um einen Zeitraum von 8 Wochen, um den gewünschten Erfolg bei der Fettanteilreduktion zu garantieren.

4   Trainingsplanung Mesozyklus III

Das Aufwärmen erfolgt an einem beliebigen Ausdauergerät in 15 Minuten, um die Durchblutung der Muskulatur zu fördern.

Tabelle 12 Der Trainingsplan, Split 1

Übung	Intensität/ Organisationsform	Sätze und Wiederholungen
Kreuzheben	Frei mit Langhantel, mit einem ILB von 70-90%	3 Sätze mit 12 Wiederholungen
Rudern	Frei am Seilzug, mit einem ILB von 70-90%	3 Sätze mit 12 Wiederholungen
Kniebeugen	Frei mit Langhantel, mit einem ILB von 70-90%	3 Sätze mit 12 Wiederholungen
Beinstrecker	Maschine, mit einem ILB von 70-90%	3 Sätze mit 12 Wiederholungen
Beinbeuger	Maschine, mit einem ILB von 70-90%	3 Sätze mit 12 Wiederholungen
Adduktion	Maschine, mit einem ILB von 70-90%	3 Sätze mit 12 Wiederholungen
Bizepscurls	Frei am Seilzug, mit einem ILB von 70-90%	3 Sätze mit 12 Wiederholungen

Bei den Kniebeugen bemerkte man eine Ausweichbewegung. Dies wurde auf die zu stark ausgeprägten Abduktoren und den zu stark ausgeprägten Quatriceps femoris zurückzuführen. Deswegen müssen die Adduktoren gestärkt werden, um auch präventiv gegen Knie oder Hüftprobleme zu agieren. Dieses Phänomen findet man häufig bei Fußballern.

Tabelle 13 Trainingsplan, Split 2

Übung	Intensität/ Organisationsform	Sätze und Wiederholungen
Außenrotation im Schultergelenk	Frei am Seilzug, mit einem ILB von 70-90%	3 Sätze mit 12 Wiederholungen
Brustpresse	Maschine, mit einem ILB von 70-90%	3 Sätze mit 12 Wiederholungen
Butterfly	Maschine, mit einem ILB von 70-90%	3 Sätze mit 12 Wiederholungen
Bein heben liegend	Frei, mit einem ILB von 70-90%	3 Sätze à 90 Sekunden
Abdominal Crunch	Maschine, mit einem ILB von 70-90%	3 Sätze mit 12 Wiederholungen
Tricepsdrücken	Frei am Seilzug, mit einem ILB von 70-90%	3 Sätze mit 12 Wiederholungen

Tabelle 14 Mesozyklusdarstellung

Mesozyklusdauer	6 Wochen
Trainingsziel	Hypertrophie
Trainingseinheiten die Woche	4 mal die Woche
Organisationsform	2 er Split, freie Übungen und Maschinen
Übungen pro Muskelgruppe	1-2 Übungen
Sätze pro Übung	3 Sätze
Satzpausen	90 Sekunden
Wiederholungsanzahl	12 Wiederholungen
Bewegungstempo	zügig

Um den ILB- Wert von 70-90% herauszubekommen, wird zu jeder Übung ein Krafttest bei der Planung durchgeführt.

Das Hypertrophietraining wird der Kunde Muskelmasse aufbauen. Vier Trainingseinheiten in der Woche sind optimal für den Kunden um den Muskelaufbau zu fördern, damit der Körper genügend Zeit zur Regeneration hat. Der Plan ist in zwei Teile aufgeteilt, die sich gegenseitig ergänzen. Somit kann der Kunde an einem Dienstag Split 2 wieder trainieren, wenn er am Montag Split 1 bereits trainiert hat, da die Regenerationszeit der Muskeln nicht gestört wird, da keine Muskeln in beiden Plänen trainiert werden. Das nächste Training könnte dann am Donnerstag Split 1 sein, sowie Split 2 am Freitag. Somit werden die Trainierten Muskeln zwei Mal die Woche zur Hypertrophie gebracht.

Um eine Kraftsteigerung zu erzielen, verbessern wir die (intermuskuläre) Koordination, weswegen man im Trainingsplan vorwiegend freie Übungen findet. Die Übungen sind nach koordinativ Anspruchsvoll bis weniger anspruchsvoll innerhalb des Splits geordnet. Große Muskelgruppen sollten aber möglichst zuerst trainiert werden.

Durch den Split Plan kann der Kunde nicht nur öfter die Woche trainieren, sondern auch effektiver, da so mehr Übungen in höherer Intensität trainiert werden können. Ohne Split Plan könnte man alle aufgeführten Übungen in dieser Intensität nicht trainieren, da man sonst ein Übertraining vollführen würde. Häufig wird der Effekt der Vorermüdung/ Nachermüdung genutzt (Beispiel Split 2: Brustpresse vor Butterfly).

Tabelle 15 Beteiligte Muskeln an den Übungen Split 1

Übung	Trainierte Muskulatur
Kreuzheben	Biceps Femoris, Quadriceps femoris, Gluteus maximus, Erector spinae, Latissimus dorsi, Aductor magnus, Trapezius, semitendinosus, semimembranosus
Rudern	Deltoideus pars clavicularis, Infraspinatus, Latissimus dorsi, Trapezius, Rhomboideus
Kniebeugen	Erector spinae, Gluteus maximus, ischiocruale Muskulatur, Quadriceps femoris
Beinstrecker	Quadriceps femoris
Beinbeuger	Semimembranosus, Semitendinosus, Biceps femoris
Adduktion	Adduktor magnus,- longus & -brevis, Gracilis
Bizepscurls	Brachialis, Biceps brachii

Tabelle 16 Beteiligte Muskeln an den Übungen Split 2

Übung	Trainierte Muskulatur
Außenro- tation im Schultergelenk	Infraspinatus, Supraspinatus, Teres minor, Subscapularis,
Bein heben liegend	Rectus abdominis
Abdominal Crunch	Rectus abduminis, transversus abdominis, Internal und external abdominis oblique
Brustpresse	Pectoralis major
Butterfly	Pectoralis major
Tricepsdrücken	Triceps brachii

5 Literaturrecherche: Effekte von Krafttraining bei arterieller Hypertonie

Tabelle 17 Krafttraining senkt den Blutdruck (modifiziert nach Hochschule -rhein-waal.de, 2014)

Anleitung der Studie	Prof. Dr. Robert Renner und Heike Holtappel
Jahr der Publikation	25.04.2014 in Kamp- Lintfort, Kleve
Welche Versuchspersonen waren an der Studie beteiligt?	Die Versuchspersonen nahmen freiwillig an der Studie teil.
Versuchsaufbau	Die Versuchspersonen wurden einer Untersuchung unterzogen und nachdem diverse Parameter wie reine Muskelmasse, Blutwerte und Körperfettanteil bestimmt wurden, in zwei Gruppen eingeteilt. Eine Gruppe betrieb 8 Wochen lang Krafttraining, während die andere Gruppe dies nicht tat. Die Gruppe die Krafttraining ausüben musste, tat dies zweimal die Woche mit eigenem Körpergewicht. Der Dipl. Sportwissenschaftler Gregor Akkermann beobachtete den Versuch und bei

	den Versuchspersonen wurde in regelmäßigen Zeitabständen der Blutdruck gemessen.
Relavante Ergebnisse und Schlussfolgerungen	Es ist eine Senkung des Blutdrucks bei der Gruppe die Krafttraining betrieb zu beobachten. Andere positive Nebeneffekte war eine höhere Belastungsresistenz gegenüber Kraft im Alltag und die Beweglichkeit der genannten Versuchspersonen aus der Krafttrainingsgruppe nahm zu.

Tabelle 18 Der Effekt von Krafttraining auf den arteriellen Blutdruck bei Patienten mit Diabetes mel-litus 2 (springermedizin.at, 2008)

Anleitung der Studie	Barbara Strasser, Edmund Cauza, Christoph Strehblow, Paul Haber
Jahr der Publikation	01.07.2008
Welche Versuchspersonen waren an der Studie beteiligt?	10 Patienten mit Diabetes mellitus Typ 2 mittleren Alters
Versuchsaufbau	Die Patienten nahmen 4 Monate an einem Krafttrainingsprogramm teil, an 3 nicht aneinander folgenden Tagen in der Woche. Der Trainingsplan enthielt alle großen Muskelgruppen und die Anzahl der Sätze pro Muskelgruppe wurde systematisch erhöht. Die Patienten wurden einem ambulanten 24 Stunden Blutdruckmesssytem unterzogen um auch ihr Tages und Nachtprofil zu messen und analysieren.
Relevante Ergebnisse und Schlussfolgerungen	Die Studie zeigte eine Reduktion des Blutdrucks, Zunahme der Muskelmasse und Abnahme des Fettanteils der Patienten. Krafttraining kann messbar die Risiken für kardiovaskuläre Erkrankungen lindern.

6   Literaturverzeichnis

Buskies, W., Boeckh-Behrens, W.U., Zieschang, K., (1996) S. 170-183

Forschungsberichte, Möglichkeiten der Inensitätssteuerung im gesundheitsorien tiertem Krafttraining

Die individuelle-Leistungsbild-Methode auch ILB-Methode, Kraftsport.de

http://kraftsport.de/magazin/die-individuelle-leistungsbild-methode-auch-ilb-methode/

Maria-Jacob, E. (2005) *Vollständiger Abdruck der von der Fakultät für Medizin der Technischen Universität München* S. 5-8

https://www.researchgate.net/profile/Eva_Jacob/publication/36420333_Wirksamkeitsna chweis_hydrotherapeutischer_Anwendungen_in_der_Behandlung_der_primaren_arterie llen_Hypertonie_Grad_I_Grad_II_nach_der_WHO-Klassifikation/links/56419ad308aec448fa60df43/Wirksamkeitsnachweis-hydrotherapeutischer-Anwendungen-in-der-Behandlung-der-primaeren-arteriellen-Hypertonie-Grad-I-Grad-II-nach-der-WHO-Klassifikation.pdf

Prof. Dr. Renner, R., Holtappel, H. (2014) Hochschule Rhein-Waal

https://www.hochschule-rhein-waal.de/de/news/krafttraining-senkt-bluthochdruck

Strasser, B., Cauza, E., Strehblow, C., Haber P., (2008) Springer Verlag

http://www.springermedizin.at/artikel/782-der-effekt-von-krafttraining-auf-den-arteriellen-blutdruck-bei-patientinnen-mit-diabetes-mellitus-2

7   Abbildungs- und Tabellenverzeichnis

7.1 Abbildungsverzeichnis

7.2 Tabellenverzeichnis

BEI GRIN MACHT SICH IHR
WISSEN BEZAHLT

- Wir veröffentlichen Ihre Hausarbeit,
  Bachelor- und Masterarbeit

- Ihr eigenes eBook und Buch -
  weltweit in allen wichtigen Shops

- Verdienen Sie an jedem Verkauf

Jetzt bei www.GRIN.com hochladen
und kostenlos publizieren